Liesbet Slegers (1975)
es, antes de nada, madre
de dos niñas, Roos y Fien.
Luego dio a luz a otro
niño: Nacho.
Desde hace años, Nacho
se ha convertido en el mejor
amigo de miles de lectores.
¡Gracias, Liesbet!

Liesbet Slegers

NACHO

EDELVIVES

LA TRIPITA DE MAMÁ

MIRA, ÉSTA ES MI MAMÁ.
¡Y EL BEBÉ QUE ESTÁ EN SU TRIPA SOY YO!
TODAVÍA NO ME VES, PERO ESTOY AHÍ.
DENTRO DE POCO NACERÉ.
LA CUNA YA ESTÁ PREPARADA.

MIRA LA TRIPA DE TU MAMÁ.
¿TAMBIÉN TÚ HAS ESTADO AHÍ?

CUANDO ERA UN BEBÉ

¡AQUÍ ESTOY!

MAMÁ Y PAPÁ ESTÁN MUY CONTENTOS CONMIGO.

SOY UN NIÑO Y ME HAN LLAMADO NACHO.

DUERMO MUCHO EN MI CUNITA.

MAMÁ Y PAPÁ ME HAN REGALADO UN OSITO DE PELUCHE.

AQUÍ LO TENGO; ES MI MEJOR AMIGO.

¿TÚ TAMBIÉN TIENES UN PELUCHE PREFERIDO?

Ésta es una nana que me canta
siempre mi papá:

Duérmete niño,
duérmete ya,
que viene el coco
y te comerá.

YA SÉ HACER MUCHAS COSAS

MIRA, ME BEBO
MI BIBERÓN.

TAMBIÉN SÉ GATEAR.

ME GUSTA JUGAR
CON LOS CUBOS.

Y A VECES LLORO...
¡BUAAA, BUAAA!

¡MIRA, AQUÍ ESTÁ MI PRIMER DIENTE!
A PARTIR DE AHORA PODRÉ COMER BOCADILLOS.

ESTOY CRECIENDO

CADA VEZ SOY MÁS ALTO.
YA NO ME CAIGO CUANDO
ESTOY SENTADO.

ME CRECE EL PELO Y ME SALEN
MÁS DIENTES. YA PUEDO
PONERME DE PIE.

SÉ HACER MUCHAS COSAS:
SENTARME, LEVANTARME, ANDAR SOLO.

SIGO CRECIENDO...
¡ASÍ ES COMO SOY AHORA!

ESTA ES MI ROPA.
LLEVO UN JERSEY AZUL Y UNOS PANTALONES ROJOS.
TAMBIÉN LLEVO UNAS BOTAS GRISES EN LOS PIES.

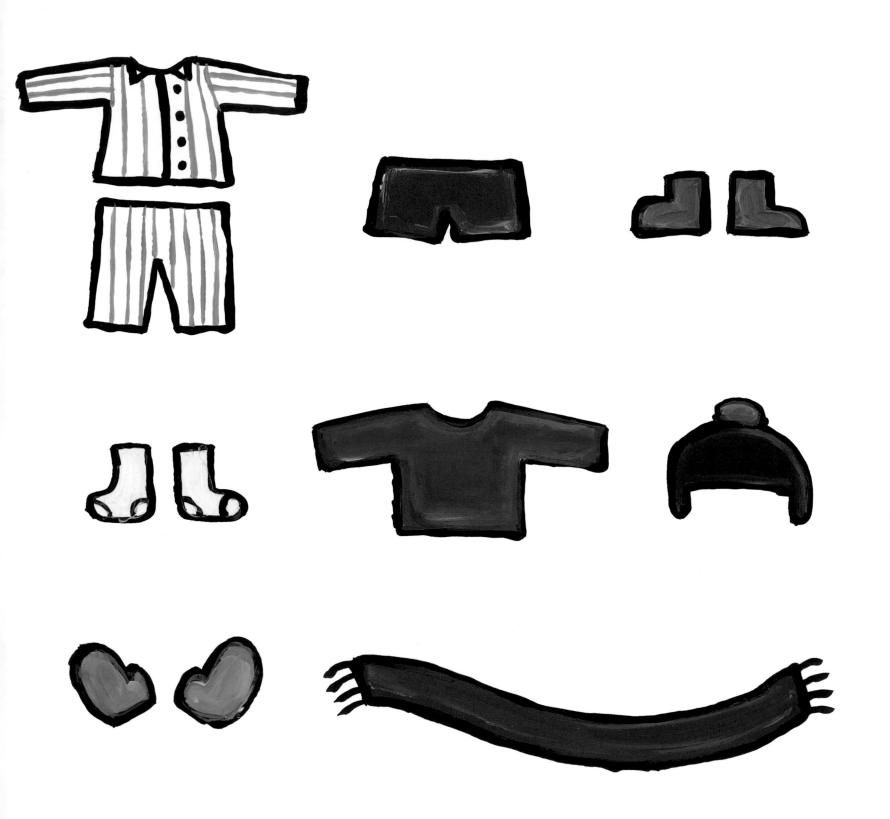

¿RECONOCES LO QUE LLEVO PUESTO?
¿Y QUÉ OTRA ROPA VES?

MI MAMÁ Y MI PAPÁ

ÉSTA ES MI MAMÁ.
AQUÍ ESTAMOS PLANTANDO FLORES.
SI HACE BUENO, CASI SIEMPRE SALIMOS A LA CALLE.
¡QUÉ DIVERTIDO ES!

Y ÉSTE ES MI PAPÁ.
PASAMOS MUCHO TIEMPO JUGANDO
Y LE AYUDO CUANDO HACE BRICOLAJE.
¡SABE HACER UN MONTÓN DE COSAS!

EL JARDÍN

EL JARDÍN ES MI LUGAR PREFERIDO.
AQUÍ PUEDO CORRER, JUGAR Y SALTAR.
¡POF! ME HE CAÍDO AL SUELO.

HAY MUCHOS ANIMALES EN MI JARDÍN.
¿LOS CONOCES?

LAS ESTACIONES

HAY UN ÁRBOL
EN NUESTRO
JARDÍN.
CAMBIA
A LO LARGO
DEL AÑO.

EN PRIMAVERA SALEN FLORES Y HOJAS VERDES.

EN VERANO SUS RAMAS
ESTÁN LLENAS
DE HOJAS Y FRUTOS.

EN OTOÑO LAS HOJAS CAMBIAN DE COLOR Y CAEN AL SUELO.

Y EN INVIERNO EL ÁRBOL
ESTÁ TOTALMENTE DESNUDO.

MI PRIMER DÍA DE COLEGIO

DESPUÉS DE LAS VACACIONES DE VERANO, YA SOY MAYOR PARA IR AL COLEGIO.

LA ABUELA ME HA REGALADO UNA CARTERA NUEVA.

EL PRIMER DÍA ES EMOCIONANTE.

HAY NIÑOS QUE NO CONOZCO Y UNA PROFESORA.

ALÍ ES MI MEJOR AMIGO.

EN CLASE HACEMOS MANUALIDADES.

Uno, dos, tres.

Hacemos un sombrero.

Uno, dos y tres.

Un sombrero de papel.

Si el sombrero de papel se vuela,

haz uno de cartón.

Uno, dos y tres.

Un sombrero de papel.

A lo mejor tu mamá, tu papá, o tu profe saben hacer sombreros de papel.

Con papel de periódico es muy fácil hacerlos.

EL PATIO DEL COLEGIO

ESTE ES EL PATIO DE MI COLEGIO.
AQUÍ SE PUEDEN HACER Y VER MUCHAS COSAS.
¿ME VES? ¿QUÉ ESTOY HACIENDO?
¿Y QUÉ ESTÁN HACIENDO ALÍ Y LAS OTRAS NIÑAS?
¡VENGA, SEGURO QUE LO SABES!

EN EL CUARTO DE BAÑO

VOY AL BAÑO COMO LOS NIÑOS MAYORES.
ME BAJO LOS PANTALONES;
LO HAGO YO SOLITO.
ME SIENTO EN LA TAZA
Y HAGO PIS Y CACA.

ES LA HORA DE MERENDAR.
LAURA SE SIENTA CONMIGO.
TOMAMOS ZUMO Y GALLETAS.

¿CONOCES A LAURA, VERDAD?

MI CASA

ÉSTA ES MI CASA. YO VIVO AQUÍ CON MI MAMÁ Y MI PAPÁ.
AL LADO DE MI CASA HAY OTRA CASA. EN ELLA VIVE LAURA.

¿QUÉ CAMINO TIENE QUE HACER LAURA PARA LLEGAR A SU CASA?
¿Y QUÉ CAMINO TIENE QUE SEGUIR CUANDO VIENE A JUGAR CONMIGO?

A JUGAR

LAURA Y YO SOMOS AMIGOS.
MUCHAS VECES JUGAMOS JUNTOS.
TAMBIÉN CANTAMOS CANCIONES BONITAS.

Pinocho fue a pescar
al río Guadalquivir,
se le cayó la caña
y pescó con la nariz.

Al llegar a su casa
nadie le conocía:
tenía la nariz
más grande que un tranvía...

EN EL HOSPITAL

ESTOY DANDO UN PASEO CON MI OSITO.

PERO NO VEO LA PIEDRA
Y TROPIEZO.

¡AY, ME CAIGO DE CABEZA!

MAMÁ ME LLEVA ENSEGUIDA
AL HOSPITAL.

AQUÍ ESTOY,
EN LA CAMA DEL HOSPITAL.

MARTA ME VISITA
Y ME TRAE UN REGALO.

VIENE A VERME EL MÉDICO.
ME DICE QUE ESTOY MUCHO MEJOR.

AL DÍA SIGUIENTE VUELVO
A CASA. ¡BIEN!

ME CAIGO

ME HE CAÍDO AL SUELO. ¡CÓMO DUELE!, ¿VES?
SI DAS UN BESO EN LA HERIDA DUELE MENOS, ¡DE VERDAD!

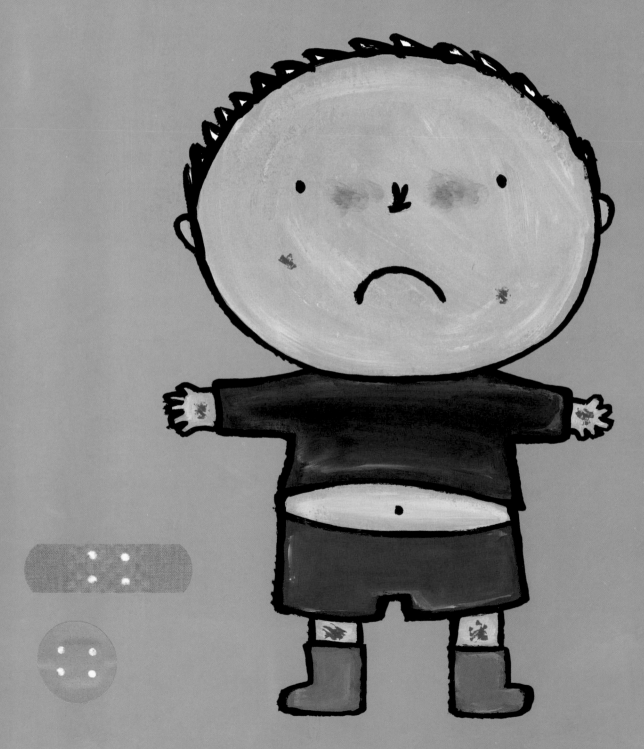

MAMÁ ME PONE TIRITAS. YA PUEDO SONREÍR OTRA VEZ.
¿PUEDES SEÑALAR DÓNDE ESTÁN LAS TIRITAS QUE LLEVO?

MI COMIDA PREFERIDA

SI ME TERMINO EL PLATO COMO UN NIÑO MAYOR,
CRECERÉ MUCHO Y SERÉ TAN ALTO
COMO PAPÁ (¡O MÁS!).
LOS ESPAGUETIS
SON MI COMIDA PREFERIDA.
¡ME PUEDO COMER
DOS PLATOS SI QUIERO!

¿SABES QUÉ MÁS COSAS ME GUSTA COMER?
¡GALLETAS Y MANZANAS!

¿LAS VES?
¿Y VES ALGO QUE NO SE COME?
¿QUÉ COMIDA TE GUSTA A TI?

MI ABUELO Y MI ABUELA

TENGO UN ABUELO GENIAL QUE HACE BROMAS TODO EL RATO.
ME SUBO A SU ESPALDA Y CABALGO.
ES EL MEJOR ABUELO DEL MUNDO.

MIRA, VOY DE LA MANO DE MI ABUELA.
LLEVO MI MALETA. HOY VOY A DORMIR EN SU CASA.
¡ME ENCANTA ESTAR CON MI ABUELA!

DE VIAJE

SE PUEDE VIAJAR DE MUCHAS MANERAS.
A MÍ ME GUSTA IR EN AVIÓN, ¡Y EN TREN!

¿JUEGAS CONMIGO?

EN UN LADO HAY TRES VEHÍCULOS.

EN EL OTRO, EL CIELO, EL MAR Y LA CARRETERA.

¿POR DÓNDE VAN EL COCHE, EL AVIÓN Y EL BARCO?

SEÑALA CON EL DEDO.

MI HABITACIÓN

ES DE NOCHE Y EMPIEZO A ESTAR CANSADO.
DESPUÉS DE BAÑARME, LEO UN LIBRO CON PAPÁ.
HAY COSAS BONITAS EN MI HABITACIÓN.
¿PUEDES DECIR LO QUE HAY?

BUENAS NOCHES

ES HORA DE DORMIR.
HE PASADO EL DÍA JUGANDO, CORRIENDO,
RIENDO Y, A VECES, LLORANDO.

AHORA,
DESPUÉS DEL CUENTO,
ME DESPIDO DE LA LUNA
Y LAS ESTRELLAS.
¡BUENAS NOCHES!

TÍTULOS DE LA COLECCIÓN NACHO:

1. NACHO VA AL COLEGIO
2. NACHO EN CASA DE SU PRIMA
3. NACHO VIAJA CON SU ABUELA
4. NACHO EN EL HOSPITAL
5. NACHO EN LA DUCHA
6. NACHO YA NO USA EL ORINAL
7. NACHO VA A LA PELUQUERÍA
8. NACHO TIENE UNA PESADILLA
9. NACHO Y LAURA
10. NACHO EN OTOÑO

TÍTULOS DE LA COLECCIÓN LAURA:

1. LAURA VA A LA COMPRA
2. LAURA SE QUEDA CON ROSA
3. LAURA Y LA TRIPITA DE MAMÁ
4. LAURA TIENE UN HERMANITO
5. LAURA SE CAMBIA DE CASA
6. LAURA EN VERANO
7. LAURA AYUDA A SU MAMÁ
8. LAURA EN INVIERNO